VUE DE MEXICO.

LES FRANÇAIS AU MEXIQUE

I

Nous ne ferons pas ici l'historique des relations politiques de la France avec le Mexique. Tout le monde connaît la campagne de 1863 à 1867, dans laquelle un prince autrichien, Maximilien, faisant le jeu du gouvernement de Napoléon III, qui l'abandonna dès la période de revers, tenta vainement de rétablir l'empire mexicain (1). Personne n'ignore quelle fut la misérable issue de cette aventure, qui eut pour dénouement le drame de Queretaro. Depuis 1880, l'entente officielle entre la République française et la République mexicaine est rétablie, et des traités de commerce, conclus entre les deux nations, leur accordent réciproquement une sauvegarde féconde de leurs intérêts respectifs. Nos exportations au Mexique profitent de ces conventions. Ajoutons que le retour des Mexicains à leurs institutions autonomes et républicaines a secondé leurs progrès. Le Mexique est un pays riche et doit sa richesse à ses gisements métallifères, argent, cuivre, fer, mercure (2), dont l'exploitation est poursuivie activement. Il a un réseau de chemins de fer qui va s'augmentant chaque année en importance et qui était déjà, en 1895, de 10,106 kilomètres; une marine marchande de plus de 400 navires, jaugeant 100,000 tonneaux, sans compter le mouvement des ports qui accusait, à la même date, 17,000 navires, représentant 5,400,000 tonnes. Sa superficie est de 1,946,523 kilomètres carrés, occupés par 12,056,000 habitants (soit une densité de 6 par kilomètre carré). Sa population se compose de

(1) Voir, sur cette période de l'histoire du Mexique, les ouvrages de Labédollière, Lefèvre, Gaulot, Niox, Vellwald, Kendall.
(2) Voir, à ce sujet, les travaux importants de Humboldt, d'Émile Richthofen, d'Oswald, ainsi que ceux de Droux (*le Mexique, ses ressources, son avenir*) et de Guillemin-Tarrayre (*Exploration minérale des régions mexicaines*).

5,500,000 Indiens (Aztèques, Coras, Tarascas, Mayas, Apaches, Comanches); de 2,500,000 métis, issus de blancs et d'Indiens; de 1,200,000 blancs environ, presque tous d'origine espagnole et parmi lesquels figurent 15,000 Français; de 200,000 nègres, mulâtres, zambos, issus de nègres et d'Indiens, etc. (1).

Chaud et malsain sur les ̤̤̤es, le climat du Mexique est salubre et tempéré dans les parties ̤̤̤evées. Ces différences climatologiques constituent trois zones : la *Tierra caliente* (terre chaude) jusqu'à 1,000 mètres d'altitude, où la température moyenne atteint $+25°$; la *Tierra templada* (terre tempérée) jusqu'à 2,000 mètres : température moyenne, $+18°$; la *Tierra fria* (terre froide), au sommet du plateau : température moyenne, $+14$ ou $15°$. Les rivières sont rares, peu navigables, obstruées souvent à leur embouchure, gênées dans leur cours et fréquemment desséchées. Elles appartiennent à deux grands versants : celui du golfe du Mexique et celui du Grand Océan. Les tremblements de terre sont nombreux, mais rarement dangereux. La partie la moins habitable pour les étrangers est la *Terre chaude*, à cause de la fièvre jaune qui la désole sur plusieurs points, surtout dans le voisinage des ports que baigne l'Atlantique. C'est la région de la Vera-Cruz. La *Terre tempérée*, au contraire, est un séjour délicieux. La végétation y est aussi active, aussi vigoureuse que celle du littoral, sans avoir le ciel embrasé et les miasmes. « C'est, dit un géographe, un paradis terrestre quand l'eau y abonde »; malheureusement l'insuffisance des cours d'eau est, nous l'avons déjà indiqué, le côté faible du Mexique. Dans ce paradis terrestre se trouve Jalapa. Au-dessus de la zone tempérée se déploie la *Terre froide*, appellation qui lui vient des colons espagnols auxquels cette zone parut offrir quelque analogie avec le climat assez cru des Castilles. Mais les Français, s'il faut en croire Michel Chevalier (*Le Mexique ancien et moderne*, 1864, Hachette), transportés au Mexique dans la *Terra fria*, s'y jugent à peu près partout en une contrée fort douce. « Du reste, la température moyenne de Mexico et d'une bonne portion du plateau est de 17 degrés; c'est seulement un peu moins que celle de Naples et de la Sicile, et c'est celle des trois mois de l'été à Paris. D'une saison à l'autre, les variations, comme partout entre les tropiques, y sont bien moindres que dans les parties les plus tempérées et les plus belles de l'Europe. Pendant la saison qu'on n'y saurait appeler l'hiver que par une extension excessive des termes du dictionnaire, la chaleur moyenne du jour, à Mexico, est encore de 13 à 14 degrés, et, en été, le thermomètre, à l'ombre, ne dépasse pas 26 degrés (2). »

II

Émile Chabrand, l'auteur du récit attachant qu'on lira plus loin (3), ne compte, à vrai dire, ni au nombre des voyageurs à qui la science géogra-

---

(1) Voir sur la population du Mexique le travail important publié par A. SUPAN, *Die Bevœlkerung Mexicos*, dans les *Mittheilungen* de Petermann, 1896. M. Supan donne les chiffres du premier recensement général, qui a eu lieu le 20 octobre 1895. (C. S.)

(2) L'*Annuaire statistique de la République mexicaine*, publié à Mexico, par D.-A. PEÑAFIEL, donne les coordonnées géographiques de la plupart des positions (400) avec les résumés des observations météorologiques faites à l'Observatoire de Mexico, de 1877 à 1893. (C. S.)

(3) Les pages que nous donnons plus loin sont extraites du volume intitulé

phique doit tant d'importantes conquêtes en notre siècle, ni parmi les écrivains français dont le nom restera gravé dans nos annales littéraires; mais il a sur beaucoup d'autres le grand mérite d'avoir observé exactement et pratiquement tout ce qu'il signale à l'attention du lecteur, de ne parler que de choses vues et vécues. Occupé de commerce au Mexique, comme beaucoup de ses compatriotes des Basses-Alpes, il a eu, grâce à un long séjour de plusieurs années à Mexico, l'occasion et le loisir d'étudier les mœurs de cette capitale, et les renseignements pleins d'intérêt qu'il donne à cet égard sont des documents à la fois curieux et précieux.

Les ouvrages de valeur sur le Mexique contemporain ne font pas défaut, et il y en a un assez grand nombre de réellement remarquables pour fournir toutes les sources désirables à l'étude approfondie de ce pays (1). Cependant, la plupart de ces excellents travaux se placent à un point de vue tout différent de celui de Chabrand. Ce qui a surtout attiré son attention et ce qui a captivé son esprit, tourné par habitude vers les affaires, ce sont les avantages que peuvent retirer les Français de leurs relations commerciales avec la République mexicaine et les débouchés qui s'y offrent non seulement à nos produits, mais à nos émigrants. Il a été le premier à rectifier les erreurs statistiques généralement répandues sous ce rapport (2). Un des journaux les plus écoutés de Paris, le *Temps*, dans son numéro du 10 mars 1892, disait : « La France n'occupe que le quatrième rang dans le chiffre des transactions avec le Mexique, elle est battue par les États-Unis, l'Angleterre et l'Allemagne. » Chabrand, plus exactement informé et pouvant mieux que personne parler avec autorité en connaissance de

ÉMILE CHABRAND EN COSTUME DE PARSI, ATTITUDE DE LA PRIÈRE.

De Barcelonnette au Mexique, par Émile CHABRAND (Paris, librairie Plon, Nourrit et Cie). L'auteur ne s'y borne pas à raconter ses impressions de voyage au Mexique, il a aussi visité la Birmanie, la Chine, le Japon, les États-Unis, l'Inde, et c'est dans son costume de Parsi qu'il est représenté ici.

(1) Voir, parmi les ouvrages publiés depuis une quinzaine d'années, ceux de Jules Leclercq, Routier, Marcel Monnier, Dupin de Saint-André, en français ; et ceux de Conkling, Anderson, Griffin, Ober, Bancroft, en anglais. On lira aussi avec intérêt les volumes, moins nouveaux, mais toujours attachants, de Michel Chevalier, Lucien Biart, de Valois, Gabriel Ferry, l'abbé Domenech, Mme Elisa Zeller, Désiré Charnay, etc. Dans le *Bulletin de la Société américaine de géographie* (1896), M. Romero a fait une étude complète et très appréciée du Mexique, au point de vue géographique et statistique. (C. S.)

(2) La *Foreign Office*, dans ses *Annales* (1896, n° 1655), a publié sur le com-

cause, répond à ces données en affirmant que la statistique établie par le *Temps* ne se base que sur les marchandises importées, mais qu'il faut tenir compte d'un autre facteur, celui de l'industrie française au Mexique et des produits qui y sont fabriqués sur place par nos nationaux. « Ces transactions-là, dit-il avec raison, n'apparaissent pas à la douane, mais elles ont pour résultat d'amener aux mains des Français, en rémunération de leurs fabricats, des capitaux mexicains, qu'ils rapportent en France, invariablement, après fortune faite. Les chiffres que nous indiquons démontrent que, de tous les pays européens, c'est encore actuellement la France qui tire du Mexique le plus fort enrichissement, après l'Espagne. » Le petit montagnard de France, le *Barcelonnette,* comme on l'appelle là-bas, le fils de berger, d'artisan, de marchand, de douanier, de cultivateur, s'en va, sac au dos, la chanson aux lèvres, l'espoir dans le cœur ; il arrive à Mexico, y fait fortune, et, après une longue absence, il revient vers ses montagnes natales, prouvant à tous qu'avec beaucoup d'honnêteté, de travail, d'économie et de bonne volonté, on peut rentrer millionnaire en son village, quinze ou vingt ans après en être sorti.

Les *Barcelonnettes au Mexique* seront une révélation pour bien des lecteurs. Cette conquête pacifique du commerce mexicain le plus florissant et augmentant de deux millions par an en moyenne, — en 1889 il dépassait déjà vingt-cinq millions, — a tout l'attrait d'un roman, mais d'un roman où tout est vrai (1). Il y a plus : le succès obtenu par ce groupe uni de travailleurs alpins infatigables est de nature à encourager, par l'exemple, d'autres efforts et d'autres entreprises. Chabrand dit avec justesse que bien des régions sont ouvertes à l'initiative commerciale des Français, et l'on ne peut qu'applaudir à ses vœux de voir se diriger de ce côté les forces vives de la France, appelée à bénéficier largement de ce courant. Le seul regret à exprimer, c'est que Chabrand, dont la vie s'est terminée prématurément par un suicide resté inexplicable, ne soit plus là pour guider les pionniers.

Charles SIMOND.

merce du Mexique (en 1894) un rapport remarquable qui fournit également une étude rétrospective et passe en revue les différents centres commerciaux du pays. (C. S.)

(1) Pour s'en rendre bien compte, il faut comparer la situation actuelle du commerce mexicain avec ce qu'elle était avant l'arrivée des Barcelonnettes au Mexique. Un intéressant rapport publié par le consul anglais, Ward, en 1820, c'est-à-dire l'année qui précéda celle du premier établissement français à Mexico, donne à ce sujet des indications précieuses. C'était alors l'Allemagne qui avait le monopole des affaires en tissus et expédiait ceux-ci, les lainages d'Altona, de Hambourg, de Brême ; les soieries et velours de Crefeld et d'Elberfeld, et c'étaient des navires allemands qui arrivaient en plus grand nombre dans les ports. L'industrie mexicaine était nulle, par suite de l'indolence des habitants et aussi par le manque de communications. Il n'y avait dans tout le pays qu'une seule route pour les transports, celle qui allait de Vera-Cruz par Orizaba, Cordova et Puebla à Mexico. Encore était-elle infestée par les brigands. Aussi ne se rendait-on aux grandes foires qu'en troupes armées jusqu'aux dents. (C S.)

LA PLAZA DE ARMAS.

LES BARCELONNETTES AU MEXIQUE

I

MEXICO MODERNE.

INDIEN PORTANT LE HUACAL.

En 1506 encore, sous le règne de Montezuma II (1), les Aztèques célébrèrent, — et de façon somptueuse, — la fête du Feu nouveau.

Quinze ans plus tard, pas un de leurs monuments ne restait debout; rien de la belle Ténochtit-

(1) Montezuma II, qui succéda, en 1502, à son père, fut le dernier souverain du Mexique, avant l'arrivée et la conquête de Fernand Cortez. Sous l'empire de l'effroi, il se soumit aux Espagnols, en qui il croyait voir des êtres surhumains. Revenu ensuite de son erreur, il tenta de les faire massacrer, mais le complot fut découvert, et Cortez fit emprisonner Montezuma, en l'obligeant à reconnaître la domination étrangère. Les Aztèques, naturels du pays, indignés de la faiblesse de leur souverain, l'accablèrent de leur mépris, et lorsqu'il fut mis en liberté, le lapidèrent. Il eût péri sans l'intervention des Espagnols, mais il ne survécut pas longtemps à sa honte. Après sa mort (1520), ses fils se convertirent au christianisme. L'aîné reçut de Charles V le titre de comte de Montezuma. Le dernier de ses descendants, don Marsilio de Teruel, grand d'Espagne, fut banni par Ferdinand VII. Il alla se réfugier à Mexico, d'où les Indiens le chassèrent. Il mourut dans l'obscurité à la Nouvelle-Orléans, le 22 octobre 1836. (C. S.)

lan (1) ne trouvait grâce devant l'ardeur guerrière et le zèle religieux des conquérants.

Et quatre ans encore après, la ville était rebâtie à peu près comme elle l'est encore aujourd'hui ; les canaux furent comblés ; de belles rues pavées les remplacèrent ; des églises furent élevées sur l'emplacement des téocalis (2), mettant la croix là même où avaient été les idoles ; et des ruines des palais impériaux, des décombres des maisons d'autres habitations surgirent, tout à fait dans ce goût oriental, que les Espagnols tenaient des Maures. La belle Ténochtitlan n'était plus ; mais déjà une nouvelle cité s'élevait à sa place, qu'on devait appeler bientôt la « Reine du Nouveau Monde ».

Mexico, d'après le dernier recensement, compte aujourd'hui 425,000 habitants (3), appartenant à quatre races : les blancs, d'origine européenne ; les Indiens ; les métis d'Indiens et d'Européens, et les zambos issus de la femme indienne et du nègre. Située au centre d'une admirable vallée circulaire, qui enferme six lacs et qui a plus de quarante lieues de tour, sous un ciel d'un azur clair, presque constamment pur, cette grande et belle ville mérite de retenir longtemps le voyageur. Malgré l'altitude (2,277 mètres), la température moyenne y est de 20° centigrades, et les variations des saisons sont à peine sensibles : 12° au-dessus de zéro, voilà à peu près les plus grands froids. On voit que tout est relatif, et qu'un Parisien se contenterait, pour hiverner, de cette *Tierra fria* dont le nom vous glace.

Orientées aux quatre points cardinaux, les rues sont si correctement alignées qu'au bout de chacune d'elles on aperçoit les grandes montagnes lointaines qui forment une majestueuse ceinture à la vallée ; elles sont propres, larges, bordées de trottoirs. De gracieux balcons sont suspendus aux façades des maisons. Rarement ces maisons ont plus de deux étages ; chacune a son *azotea* (4) et à l'intérieur son *patio*, cour dallée à ciel ouvert, autour de laquelle, à chaque étage, courent des galeries élégamment ornées de vases de fleurs, de plantes vertes et de cages d'oiseaux.

La « Plaza de Armas » est le cœur même de Mexico. Onze grandes rues y aboutissent ; toutes les lignes de tramways partent de là ; les voitures de première et de deuxième classe y stationnent. Et c'est bien une place d'armes, comme son nom l'indique, une place, assurément, mais telle qu'il n'en est pas d'autres : promenade, jardin, marché, salon, théâtre où le peuple même est acteur, c'est tout cela

(1) C'était le nom aztèque de Mexico. Les Aztèques, population occupant le Mexique, lors de sa découverte par les Européens, étaient venus, vers le treizième siècle, du nord. C'était une nation très cultivée. (C. S.)
(2) Temples des Aztèques ayant la forme de pyramides quadrangulaires avec des édifices religieux au sommet. (C. S.)
(3) A. Supan, que nous avons déjà cité, estime que les évaluations de la population mexicaine ne sont qu'approximatives, la statistique n'ayant pu établir jusqu'ici, à cet égard, aucune base positive de comparaison. (C. S.)
(4) Terrasse.

à la fois. Au centre de cette immense étendue, le Socalo déroule ses magnifigues allées, sous les grands arbres, entre les vertes pelouses, parmi les rosiers en massifs et les arbustes fleurissants : square qui ressemble à un bouquet et qui met sa fraîcheur au milieu de ce grand espace.

Bordant la place, les principaux établissements publics de Mexico se trouvent réunis sur ce point. C'est d'abord le Palais national, un des plus vastes édifices qu'il y ait au monde, véritable ville administrative où sont groupés la Présidence, les ministères,

CARTE DU MEXIQUE.

le Trésor, les archives de la nation, le service des postes, un observatoire, deux casernes et un musée. L'énorme et superbe cathédrale et l'église du Sagrario (1) occupent à elles seules tout le côté nord. Les deux autres côtés du carré ont le Mont-de-piété, l'*Empedradillo*, le magnifique *Portal de Mercaderes*, la *Diputacion* ou Hôtel de ville qui abrite à la fois l'administration municipale, la Bourse et la prison; et enfin le *Portal de las Flores*.

Immensité de la place, imposantes proportions des monuments qui l'encadrent, en voilà assez pour justifier son universelle renommée. Mais ce n'est pas là ce que j'y voudrais montrer au lecteur : un kaléidoscope vivant s'y agite, dans une intensité de vie, une

(1) Tabernacle.

variété d'aspects et de couleurs inimaginables. Mexico n'a rien de plus curieux. Tout part de là, tout y aboutit, tout y passe. Matin et soir, les promeneurs en foule vont et viennent sous les ombrages du Socalo; ils flânent, respirant l'air frais et le parfum léger des eucalyptus géants. Les belles dévotes s'y voient, pieuses et coquettes, se rendant à la cathédrale; et c'est là que les jeunes élégants, les *pollos,* viennent guetter le passage de leur fiancée qui court, svelte et vive, un livre d'une main, une ombrelle de l'autre, escortée de quelque duègne, au sermon du Padre : un salut, un sourire, une œillade, c'est selon, et la fillette aux cils battants disparaît sous la haute voûte. D'autres dames reviennent du bain, leurs beaux cheveux noirs encore humides, en nappe étalée sur le dos, roulant souvent jusqu'aux talons. Des bandes d'écoliers se poursuivent, arrêtés soudain devant quelques troupes d'acrobates. Des généraux tout chamarrés, des ministres, des députés bourdonnent autour du Palais national comme autour de la ruche; banquiers et riches commerçants courent à la Bourse; les toreros pavanent leurs paillons, les paysans *rancheros,* à pied ou à cheval, leur riche et pittoresque costume. Des mendiants en *levita,* en redingote, vous demandent l'aumône à l'oreille pour qu'on ne s'en aperçoive pas; pauvres diables, ils peuvent voir passer le garçon de recette qu'accompagne un portefaix pliant sous la charge et entendre le son des piastres dans les longues bourses en fibre d'aloès, dans les *talegas* au ventre gonflé. Des groupes d'Indiens marchent gravement, escortés de chiens galeux, les femmes suivant à quelques pas avec leurs petits accrochés sur le dos. Des nuées d'employés courent à leurs bureaux. D'accortes servantes, les *galopinas,* filent à travers la foule, vers le marché. En une minute, une Mexicaine de classe moyenne sait vous faire admirer ses dents blanches, ses bras, ses petits pieds, sa taille fine, ses longs yeux voilés. Un concert de cuivre fait retourner les têtes : musique en avant, drapeau déployé, un régiment traverse la place. Puis, tout repart, s'agite à nouveau, se remet en marche Voici l'ânier, que je ne vous ai pas encore présenté, drôlement monté, tout à fait sur l'arrière-train, tout au bout de sa bête, branlant les jambes; l'Indien maraîcher, aux corbeilles pleines de légumes; d'autres Indiens, pèlerins des deux sexes en route, au petit trot, vers le sanctuaire de Notre Dame de Guadalupe. Ou bien c'est un autre cortège : revolver à la ceinture, bâtonnet en main, des agents de police sortent de la Diputacion. Ils escortent des prisonniers; c'est la *razzia* de la veille. Il y a de tout là dedans : la femme légère, aux nippes voyantes, y coudoie la *peladita* indienne, presque nue sous de misérables loques; l'ivrogne fourvoyé qui fit tapage cette nuit, le nez bas maintenant, semble honteux de son costume à peu près décent à côté du *lepero* (1) en guenilles,

---

(1) Voyou, vagabond mexicain.

CHAPELLE ET COLLINE DE GUADALUPE, PRÈS MEXICO.

ou, plus succinctement encore, vêtu d'une couverture grise qui ressemble assez, par les trous, au manteau de don César de Bazan. Tout cela s'en va vers la prison de Belem.

Cependant, attelés de beaux chevaux ou de mules légères passent de brillants équipages; des cavaliers, des amazones, que suit un véritable état-major de domestiques à cheval; et de lourds camions aussi; et les mules des bouchers chargées de quartiers de bœuf et de brebis; et celles des *pulqueros*, parées de petits drapeaux aux couleurs nationales, qui portent le *pulque* aux *pulquerias*; et les fourneaux des charcutiers ambulants qui débitent sur place des saucisses et des têtes de mouton rôties. Des âniers vendent de l'avoine, de la paille, des fagots de plantes vertes de maïs; mille autres marchands, mille autres choses : coupons d'étoffe, bottines, mercerie. Marchands de nattes, de selles et de harnais, de couffins, de piments, de fruits confits, d'éperons, de vieux habits, de poissons, de plumeaux, de mouchoirs, de *rebozos*, de berlingots, de balais, d'oranges, de fritures, de sorbets, d'oiseaux-mouches vivants, de dattes, de perroquets, de *chichicuilotes* aux ailes coupées (espèce de petit échassier qu'on voit se promener dans toutes les cours, faisant la chasse aux mouches), de bougies, de savon, de guitares, de pain, de beurre et de billets de loterie; toutes sortes de brocanteurs, le *barillero*, qui est légion et qu'on retrouvera jusque dans les campagnes avec ses rubans, ses boutons, toute sa mercerie dans la vitrine suspendue à son cou, et, partout, cet autre personnage de la rue, à chaque pas rencontré, l'*aguador*, le porteur d'eau!

Tous ces marchands, comme bien on pense, animent étrangement le tableau. Il faut entendre leurs cris : *Blanquilló-ó-ós!* clame à tue-tête le marchand d'œufs; l'Indien jardinier lance de toute la force de ses poumons son : *Tierra para las masetá-á-ás!* terre pour les vases; l'Indien charbonnier, son confrère, traîne sur un ton de mélopée le mélancolique et lent : *Carbó-si-oú!* et la marchande de canards sauvages les vend crus à *cuartilla* et rôtis à *medio y cuartilla*, trois et neuf sous. Elle le hurle comme une enragée.

Sous les grands arbres du square, au milieu de cette agitation, toute une population, à peine un peu plus calme, s'est assise : bonnes d'enfants, ouvrières sans place, vieillards à la retraite, convalescents, employés congédiés, démagogues inoccupés, anciens militaires étalant noblement les cicatrices des blessures qu'ils ont reçues en défendant de bonnes ou de mauvaises causes.

Cette Place d'Armes, oui, c'est bien là qu'afflue tout le jour la vie de la cité. C'est là qu'on trafique, là qu'on parle politique; on y discute et l'on y dispute; on conspire, on courtise, on flâne, on lit les journaux, on donne la chasse à ses protecteurs qui se rendent aux ministères, on fait la chronique scandaleuse de la ville, et, le soir, aussitôt les girandoles allumées, dès que la musique se fait entendre, toute la fashion mexicaine accourt à sa promenade favorite pour y rester, caquetant et déambulant dans la fraîcheur, jusqu'au milieu de la nuit. Quelques heures sur cette esplanade suffisent à faire connaître, sous ses divers aspects, le peuple de Mexico.

A mesure qu'on s'éloigne du centre, les *tiendas,* les boutiques des ouvriers, les *pulquerias* (débits de pulque) remplacent les somptueux cafés et les luxueux magasins; aux portes de la ville, la hutte de terre et de bambou du pauvre Aztèque fait suite au palais du riche. Le vêtement change aussi, ou plutôt il s'unifie, châles et mantilles ont disparu, remplacés par le *rebozo*. Plus de chapeaux ronds ni de chapeaux de soie, le *sombrero;* plus de redingotes, la veste courte et le *zarape*. Plus loin encore, tout au fond des faubourgs, on ne rencontrera plus que le costume primitif des Indiens.

Au lieu du bâton et du revolver qu'ont ses confrères du centre, l'agent de police est armé ici de la carabine.

Arrêtons-nous en curieux un instant devant une *pulqueria;* il y en a des milliers à Mexico. La *pulqueria* est une sorte de buvette, un bar où on ne sert que du pulque.

C'est du *maguey manso,* aloès de très grande taille, aux feuilles charnues, dont les bords sont hérissés d'épines et l'extrémité armée d'une longue pointe acérée (1), qu'on tire le pulque. Quand le maguey atteint huit à dix ans, on tranche à sa base le cœur en forme de cône qui s'élève au centre de la plante, et l'on y creuse une cavité que remplit peu à peu la sève découlant de l'intérieur des feuilles; quand ce réservoir est plein, on le vide au moyen d'un siphon primitif : blanchâtre, visqueuse et légèrement sucrée, un peu fade, quand on vient de l'extraire, cette liqueur acquiert, en un jour ou deux de fermentation, le goût du vin blanc nouveau et devient alors ce nectar national, dont les Indiens et Mexicains font leur boisson favorite.

Sur les deux vantaux de la porte de notre pulqueria, on peut lire : *Omeluzco amanalco,* c'est le nom du cru.

A l'intérieur, un large comptoir partage l'établissement en deux : d'un côté, les vendeurs et les cuves pleines de pulque; de l'autre, les buveurs.

Il y a, en ce moment, six clients; ce sont des artisans, des rancheros, et ils n'ont qu'un verre, mais gigantesque, qu'on appelle la *medida,* et qui contient plus d'un litre; ils y boivent à tour de rôle. « Hé! don Pepé, don Julio! » crient les buveurs à deux cavaliers qui passent drapés dans le *zarape*. Ceux-ci, sans descendre de cheval, entrent avec leurs bêtes dans la *pulqueria,* donnent l'accolade à leurs amis, boivent, comme ils en sont priés, à la *medida,* remercient, et puis s'en vont.

---

(1) Le pays du maguey est Apam, entre Vera-Cruz et Mexico.

La réunion des *aguadores* aux fontaines publiques, avec leurs amphores de grès vernissées et luisantes, leur armure de cuir, leur type accentué, leurs attitudes pleines de caractère; le va-et-vient, au milieu d'eux, des jeunes et jolies filles du peuple, gaies et rieuses, qui viennent faire leur provision d'eau aux vasques ruisselantes, fait de chaque coin de rue, du moindre carrefour, un tableau amusant et pittoresque.

TYPE MEXICAIN.
INDIENNE PORTANT SON ENFANT.

Dans la soirée, tout Mexico est dehors; les uns vont aux promenades; les autres sortent sur leurs balcons pour y respirer l'air frais du soir, pour regarder le défilé des promeneurs élégants, des cavaliers, des amazones et des somptueux équipages dans lesquels se prélasse toute la bourgeoisie de la capitale.

Chaque balcon alors est paré — c'est le mot juste — d'un bouquet de jeunes et jolies Mexicaines, vêtues d'étoffes légères aux couleurs tendres, des couleurs de fleurs. Les unes paraissent occupées à confectionner de leurs doigts agiles ces délicieuses broderies à jour particulières au pays; les autres font la causette avec les señoritas des balcons voisins.

Tout le monde se connaît, et de la rue aux balcons, ce n'est qu'un échange de saluts : saluts avec le chapeau, saluts avec la main, saluts avec l'éventail. Peu à peu, la nuit vient, les balcons se vident, mais chaque maison alors a son concert. Les Mexicains naissent avec le goût de la musique, et de bons maîtres français et italiens, fixés à Mexico, ont développé encore ces dispositions naturelles. Aussi partout, le long des rues, par les fenêtres ouvertes, entend-on s'échapper des chants et des accords : les petites mains légères des señoras courent sur les touches, leur voix bien timbrée et chaude détaille avec expression quelque belle phrase musicale qui s'élargit dans la nuit limpide et s'envole vers les étoiles. Puis, plus tard encore, tout se tait, la rue devient déserte, pas très sûre dans les quartiers éloignés du centre, moins sûre encore dans les faubourgs qui sont à peine éclairés, et où l'on ne rencontre plus que les agents de police veilleurs de nuit, et les *serenos,* munis d'une grosse lanterne, qu'ils posent souvent par terre, à quelques pas d'eux, et dont la principale utilité doit être, il me semble, d'avertir les larrons et vagabonds qu'ils peuvent opérer en paix un peu plus loin.

TYPES MEXICAINS.

*
* *

C'est aux alentours de la Plaza Mayor (place d'Armes) que se trouvent les rues les plus mouvementées de la capitale. Elles y aboutissent comme au cœur les artères. La principale est la Calle des Plateros (rue des Orfèvres); avec elle, les rues Primera Monterilla, Empedradillo, Relox, Portacelis, Profesa, San Francisco, Refugio, Portal de las Flores et San Bernardo constituent le boulevard des affaires.

Les bijoutiers, les restaurateurs, les chemisiers, les confiseurs, les marchands tailleurs, les marchands de confection, de lingerie et de nouveautés qui sont installés dans ces rues, sont presque tous des Français.

Mexico compte quatre-vingt-six églises catholiques, presque toutes d'une architecture un peu surchargée d'ornements. La plus remarquable de toutes, la plus simple, — extérieurement, — et la plus grandiose, est sans contredit la cathédrale. Cette immense basilique, de proportions colossales, occupe, ainsi que nous l'avons dit, un côté presque entier de la Plaza de Armas. Bâtie en pierre calcaire et en une sorte de pierre volcanique qu'on appelle dans le pays *tezontli*, sur les plans d'un architecte espagnol, la construction du gros œuvre seul a duré plus d'un siècle. Elle fut commencée par les ordres de Philippe II. Ce qui fait la beauté de la façade, c'est le noble arrangement des colonnes doriques et corinthiennes qui en sont le principal élément décoratif, l'élégance du clocher, le style sobre et l'aspect majestueux des deux hautes tours qui, de chaque côté, élèvent à 78 mètres leurs coupoles. L'ordonnance générale est imposante, c'est le style religieux de la fin du seizième siècle qui domine, et l'effet de ce goût un peu sévère est encore accru par le voisinage immédiat du Sagrario. A l'intérieur, l'or et le marbre concourent à la richesse de la décoration; et le trésor, en dépit des révolutions qui l'ont appauvri, contient encore d'inestimables richesses : la lampe d'argent suspendue devant le sanctuaire a coûté 350,000 francs, le tabernacle en argent massif en vaut 800,000. Sans parler de ces dons princiers, il faut évaluer à plus de douze millions — au cours d'alors — les sommes dépensées pour l'édification de ce somptueux monument.

Attenante à la cathédrale, avec laquelle elle communique intérieurement et dont elle semble être aujourd'hui une dépendance, l'église du Sagrario est plus ancienne. Elle est du seizième siècle le plus ornementé, surchargé encore par le goût espagnol et mexicain. Son portail, ou plutôt sa façade est, du haut en bas, fouillée, ciselée, sculptée comme un coffret de la Renaissance. C'est riche, luxuriant et précieux; mais la majesté des lignes se perd dans cet infini détail. A un degré moindre, cet excès d'ornement et cette recherche caractérisent tous les édifices religieux de Mexico et du Mexique. La cathédrale est une exception.

II

LES BARCELONNETTES AU MEXIQUE.

La petite ville de Barcelonnette, sous-préfecture du département des Basses-Alpes, construite sur la rive droite de l'Ubaye, à

1,135 mètres d'altitude, compte une population d'environ 2,200 habitants (1).

L'arrondissement se subdivise en quatre cantons : Barcelonnette, Allos, Saint-Paul et le Lauzet, avec une population totale de 15,500 âmes. (Notons dès maintenant que les habitants d'Allos et du Lauzet n'ont jamais apporté qu'un très faible contingent à l'émigration au Mexique.)

La nature, en cette région de nos Alpes, est infiniment variée, tantôt riante et tantôt sévère (2). Ici, le blé se dore et mûrit dans les champs, ou bien la multitude des fleurs de montagne émaille les prairies; plus haut, ce sont les vastes forêts de pins, de sapins et de mélèzes embaumées de parfums résineux, sonores comme la mer au souffle du vent, auxquelles succèdent les vertes pelouses pastorales et les roches escarpées. Au dernier plan, plus loin et plus haut encore, les crêtes dentelées des grandes chaînes se profilent sur le bleu du ciel. Tout l'hiver — des hivers de cinq à six mois — ces montagnes sont couvertes de neige; et il en vient, même en été, une fraîcheur qui fait alors de la vallée de Barcelonnette un site véritablement délicieux.

Terre un peu rude au demeurant, si proche de la terre provençale et si différente, mais que ses enfants aiment peut-être pour sa rudesse et qui fait d'eux des hommes. Les pays de montagnes sont ainsi, bons éducateurs de races au corps robuste, à l'esprit entreprenant, mesuré et résolu.

Les montagnards des Basses-Alpes sont fins et adroits : un proverbe provençal dit des *Gavots* (c'est le nom que leurs voisins de Provence leur donnent) qu'ils n'ont de grossier que l'habit. Intelligents en effet et d'une instruction dépassant la moyenne, ils ont leur patois, mais tous ou presque tous écrivent et comprennent le français. Courageux et durs à la fatigue, — tous ceux qui les ont visités chez eux le reconnaissent, et c'est à eux que j'emprunte ces appréciations, — ils aiment leur pays natal, leurs âpres montagnes, leur village et leur famille. Ils sont bons et hospitaliers, religieux sans superstition, capables de dévouement et de reconnaissance, et, malgré les instincts d'épargne que légitime la rigueur du sol et du climat, ils montrent dans leurs relations avec les étrangers des habitudes de largesse et de générosité.

Arnaud fut le premier qui, de la vallée de Barcelonnette, partit, vers 1821, pour le Mexique. Il venait de fermer à Jausiers une

---

(1) Cette population n'est aujourd'hui, d'après Schrader (recensement de 1891), que de 1,800 habitants, diminution résultant sans doute de l'émigration. M. Arnaud, dans une intéressante brochure, publiée en 1891, constate également ce fait. (C. S.)

(2) Voir W. Kilian et E. Haug, *Esquisse de la structure géologique des environs de Barcelonnette* (Grenoble, Allier, 1895). Voir aussi les *Voyages en France* d'Ardouin-Dumazet (Berger-Levrault, 1895).

filature de soie qu'il y avait fondée précédemment et où il avait médiocrement réussi. Quelque temps après son arrivée, il s'associait avec un Français du nom de Maillefert, et tous deux fondaient à Mexico le *Cajon de ropa de las Siete Puertas*, magasin de tissus des Sept Portes, dans la rue de *Bajos-de-Portaceli*. Leurs débuts ayant été promptement couronnés de succès, Arnaud appela ses deux

TYPES MEXICAINS.
SENORAS ET MARCHANDE DE VOLAILLE.

frères auprès de lui. Et dans les années qui suivirent, d'autres jeunes gens de la vallée vinrent aussi les rejoindre.

En 1837, Caire, Derbez et Jauffred, venus aussi comme employés dans la maison d'Arnaud, créèrent à leur tour, au Portal de las Flores, un nouvel établissement. Enfin, cinq ans plus tard, Édouard Gassier fonda à Mexico la troisième maison barcelonnette, qui devint la première des trois comme importance.

Dès 1845, Caire et Jauffred revenaient au pays avec assez d'argent gagné pour encourager les hésitants.

MEXICO. — CÔTÉ OUEST DE LA PLACE DEL PALACIO.

Mexico compta bientôt cinq maisons barcelonnettes. Puebla, Zacatecas, Guadalajara et Toluca eurent aussi les leurs.

A ce moment, on ne parle plus chez nous que du Mexique; quelques jeunes filles même y vont rejoindre leurs compatriotes, frères, parents ou fiancés, ou partent avec eux. Et dès lors, les cantons de Barcelonnette et de Saint-Paul, au lieu de fournir, avec l'excédent de leur population, des bergers aux montagnes pastorales, des douaniers aux frontières, des colporteurs parcourant la France depuis Lyon jusqu'aux Flandres, des instituteurs et des curés à tout le département, envoient chaque année de nouvelles recrues au Mexique.

Nos jeunes Barcelonnettes, habitués depuis l'enfance à l'idée qu'ils iront à l'étranger, lorsqu'ils atteindront l'âge de dix-huit à vingt ans, partent avec entrain. Ils savent qu'ils trouveront là-bas des parents, des amis, et qu'avec de l'honnêteté, du travail et de l'économie ils arriveront à jouir d'une aisance qu'ils ne sauraient attendre d'un pays aussi pauvre que le nôtre.

Un léger trousseau dans une vieille malle, six cents à douze cents francs en portefeuille, quelques lettres de recommandation, c'est tout ce qu'ils emportent pour la plupart; à vrai dire, le capital qu'ils exploiteront là-bas, c'est leur bonne santé, leur instruction élémentaire, mais très réelle, leur esprit d'épargne et leur ferme volonté de réussir. Ils partent en bandes, comme des oiseaux migrateurs, et c'est à l'automne qu'ils quittent nos montagnes pour traverser l'Océan.

Les plus avisés conduisent la petite troupe et la débrouillent à travers la France jusqu'à l'hôtel d'arrivée à Pauliac par Bordeaux ou bien au Havre. Là, il leur faut attendre parfois pendant une ou deux semaines le départ d'un navire à voiles qui les portera en quarante-cinq ou soixante-dix jours de traversée à Vera-Cruz. (Depuis environ trente ans, ils gagnent ce port par Saint-Nazaire à bord des steamers de la Compagnie transatlantique qui font la traversée en dix-huit ou vingt jours.)

Logés à l'entrepont des navires, nos futurs millionnaires vivent de la nourriture des matelots, à laquelle s'ajoutent quelques douceurs que les parents ont glissées dans un coin de la malle. Ils passent le temps à compter leur argent, pour s'assurer qu'ils n'en ont pas perdu; à causer, à rire, à faire des parties de cartes, à jouer au bouchon, quand le navire ne danse pas trop, à souffrir du mal de mer et à regretter le sol stable et ferme des montagnes qui les ont vus naître, sitôt que la houle commence.

Vera-Cruz! Vera-Cruz! on aperçoit la terre : terre promise! Le rêve de tant d'années prend corps, le pays de fortune sort de la légende : il est là! La joie est grande, et l'on ouvre aussi de grands yeux. Admiration qui bientôt se transforme en un véritable ahurissement. A peine débarqués, nos Gavots se trouvent aux prises avec les portefaix qui s'emparent de leurs colis, avec les courtiers d'hôtels qui veulent les entraîner, avec les douaniers qui les retiennent pour visiter leurs bagages. On les dirait tombés du ciel.

Voyant que personne ne comprend le français, ils en sont réduits à leur patois, qui, ayant quelque analogie avec la langue espagnole, leur permet de faire entendre aux douaniers qu'ils n'ont aucune marchandise, et que leurs malles ne contiennent que leurs vêtements personnels.

Avant de quitter le bateau, ils ont compté l'or qui leur restait; le petit pécule est déjà bien réduit. Ils savent qu'il faut fuir à la hâte Vera-Cruz et son vomito, qui ne vaut rien pour les nouveaux venus.

Ils partent avec le convoi de muletiers ou de chariots qui portera leurs bagages jusqu'à Mexico. A pied, traînant leurs gros souliers ferrés dans la poussière, le fusil de chasse en bandoulière, le revolver à la ceinture, ils traversent, sous les rayons implacables du soleil tropical, le désert de sable brûlant qui sépare Vera-Cruz de Paso del Macho. Pour distraction, ils ont les milliers de zopilotes et de corbeaux qui se disputent les restes d'une multitude d'ânes et de mulets crevés sur les bords de la route. La route elle-même est pleine d'insectes malfaisants, de scorpions et aussi de serpents à sonnettes dont la piqûre est mortelle.

Aux haltes, pendant que les uns font bouillir la marmite, les autres plument le perdreau, la chachalaca, la codornis et autres gallinacés tués, chemin faisant, d'un heureux coup de fusil, et qui vont s'ajouter à l'ordinaire; ou bien, si l'on s'est arrêté en quelque gîte indigène, des jeunes gens, malgré le peu d'accoutumance, font honneur avec leur bel appétit à la cuisine du pays. Si les mulets trop las ne peuvent arriver à l'étape, la tente est bientôt dressée, et sur la mince natte qui sert de matelas on s'endort sans se faire prier, en dépit des courbatures.

Les muletiers ont expliqué à nos voyageurs ce que signifient les tas de pierres et les croix qui se dressent sur les bords de la route; aussi traversent-ils l'œil au guet et non sans quelque anxiété tous ces passages de sinistre mémoire.

Un jour, des Indiens et des métis, armés de vieux fusils à piston, de sabres, de pistolets d'arçon, de lances et de lazos, arrêtent le convoi et réclament le péage ou droit de passage. C'est un peu avant d'arriver à Perote, et ce sont des insurgés qui crient : « Que vive Santa Ana, que muera Mariana Arista! » ou quelque chose d'approchant. On acquitte ces droits, on passe, et mes Barcelonnettes de se dire, heureux d'en être quittes à si bon compte : « Somme toute, ces Mexicains sont encore d'assez bons enfants! » Une autre fois, aux approches d'un petit village, quelques individus à mine suspecte, le bas du visage caché par un foulard, sortent tout à coup d'un ravin, font sur le convoi une décharge qui n'atteint personne et commandent : Arrêtez-vous! Mais ils sont trop peu nombreux, les muletiers ripostent, soutenus par nos jeunes Alpins qui tirent comme de vieux soldats ; les bandits s'enfuient.

Le lendemain, toujours avançant, la caravane trouve sur la route de *Rio-Frio* la diligence que les voleurs viennent de dévaliser. Les volés sont couchés à plat ventre, le visage contre terre, les mains attachées derrière le dos, et n'osent même plus relever la tête. Tous ont reçu des coups de plat de sabre, tous ont été tenus en respect pendant le pillage par les brigands, qui, le pistolet armé et le doigt sur la détente, appuyaient le bout du canon sur leurs tempes, tandis que d'autres les dépouillaient de leurs bagages, de leurs bourses et de leurs armes.

Les voleurs ont laissé l'indispensable à ceux qui n'ont pas fait de résistance, et réduit au costume de nos premiers parents ceux qui ont tenté de se défendre. Barcelonnettes et muletiers se mettent en devoir de délivrer les malheureux de leurs liens, quand surgissent vingt-cinq cavaliers, sabre au clair, passant à fond de train au milieu d'un nuage de poussière. Ce sont des *cueroudos* du voisinage, survenus au bruit des coups de feu et lancés à la poursuite des pillards.

Ces temps-là sont bien loin, aujourd'hui : les Barcelonnettes ont les bateaux à vapeur d'abord, les chemins de fer ensuite ; leur voyage est moins pittoresque : grâce à la sage administration de ses gouvernants, le Mexique n'offre plus pareilles péripéties aux amateurs d'émotions.

*
* *

Cependant notre petite troupe arrive à Mexico, et là elle se disperse. Les uns se rendent directement chez le parent, chez l'ami qui les attend ; les autres s'en vont loger dans une chambre d'hôtel, mais ils sont tout au moins invités à prendre leurs repas à la table hospitalière d'un compatriote.

Ce jour-là, les membres de la colonie voient arriver l'heure de la fermeture des magasins avec impatience : on va pouvoir causer avec les *pays*.

Et le soir venu, vraiment, c'est Barcelonnette à Mexico. Questions et réponses se pressent, sur celui-ci, sur celui-là. Les jeunes émigrés racontent comment ils ont laissé le père, la mère, les frères, les sœurs, cousins et cousines jusqu'au quatorzième degré. On commente les mariages récents, les changements de position, en un mot tous les faits divers survenus dans la vallée. C'est le patois, le cher patois qui résonne ; il a gardé toute sa saveur de terroir dans la bouche des nouveaux venus, il ravive tous les souvenirs : il n'existe plus d'autre langue. On déguste en commun l'extrait de genièvre qu'un des arrivants a tiré de sa malle, on mange les belles pommes rouges de calville apportées du pays natal, et l'on rit de la naïveté des mères qui envoient à leurs enfants au Mexique des pantalons et des bottines de France.

Le lendemain toute la bande est casée, sauf quelques-uns peut-être qui seront répartis entre les maisons des compatriotes, en attendant la réponse des chefs de maison de l'intérieur auquel on a écrit.

**

Les *cajones de ropa*, magasins dans lesquels nos jeunes gens font leur apprentissage, et où les Barcelonnettes brassent des affaires par millions, diffèrent absolument comme disposition des magasins français Imaginez une grande salle au rez-de-chaussée percée de plusieurs grandes portes de bois doublées de fer en dedans; au-dessus de toutes ces portes, à l'extérieur, sur une longue toile tendue sur un cadre, le nom du magasin est peint en gros caractères. Entre les portes sont ménagés des étalages, et sur les côtés de celles-ci sont suspendues les réclames imprimées sur toile (1).

Du 1er janvier au 31 décembre, sauf les jours de grande fête, les portes du magasin sont ouvertes de sept heures du matin à sept heures du soir.

TYPE MEXICAIN.

Un long et large *mostrador*, comptoir placé à environ trois mètres des entrées, barre le passage sur toute la largeur du magasin et sépare les clients des vendeurs.

Ceux-ci se tiennent debout derrière ce comptoir. Dès le matin ils se sont d'abord occupés d'épousseter, de remplacer quelques

---

(1) Là aussi, le progrès a fait aujourd'hui son œuvre, et modifié en certains points l'organisation première. Plusieurs magasins barcelonnettes de la capitale n'ont conservé qu'une ou deux portes et donné le reste de la façade à l'étalage. Tous sont installés avec plus de luxe que jadis. Un d'entre eux, le *Palacio de hierro*, le Palais de fer, est une réduction des superbes magasins parisiens du *Printemps*. Mais l'intérieur, quoique plus grandiose, est toujours aménagé de la même façon.

articles classiques vendus la veille. Correctement vêtus, le crayon sur l'oreille, les ciseaux dans la poche du gilet, les mains appuyées sur les bords du mostrador, ils attendent maintenant l'arrivée des clients. Tous sont là sous l'œil attentif et vigilant du chef, qui ne perd aucun de leurs mouvements, et qui est prêt d'ailleurs à payer de sa personne quand le moment de la cohue viendra.

Derrière la petite armée des employés, faisant face aux portes, s'élève la *tariaa*, sorte de dressoir en bois dont le bas est tout en tiroirs et le haut tout en étagères en retrait les unes sur les autres. Les tiroirs sont pour les soieries et les articles délicats. Indiennes et percales s'alignent en gros rayons sur la première étagère à un mètre du sol. Les rayons de mousseline, de lainage sont disposés sur les autres étagères, et de là jusqu'au plafond partait autrefois un étalage, aujourd'hui à l'extérieur, de très belles étoffes de soie, de laine, des foulards, des ombrelles, des châles éclatants, des mantilles, des écharpes de soie de Chine couvertes de broderies, bref, toutes les marchandises les plus propres à attirer l'attention des passants et à les tenter, à les séduire.

Contrairement à ce qui a lieu dans nos grands magasins de France, où chaque employé a sa spécialité, et où le client passe de main en main selon les articles, l'acheteur ici est toujours servi par le même employé, qui lui vend indifféremment toutes les marchandises de la maison.

Une porte ménagée à une extrémité du mostrador permet de pénétrer plus avant dans l'intérieur, et de passer aux salles de l'arrière-magasin appelé *trastienda*. Du sol au plafond, les parois sont garnies d'étagères pour les étoffes; au centre se trouvent des comptoirs : c'est la réserve, et c'est là aussi que se fait la vente du gros et du demi-gros.

Enfin, de la trastienda, une porte latérale conduit par une cour dallée à l'entrepôt des ballots non ouverts.

Les étages supérieurs sont affectés à la cuisine, à la salle à manger, au logement des chefs et de tous les employés.

A la tête de ces maisons, il y a en général plusieurs chefs entre lesquels est partagée la direction: vente du détail, vente en gros, achats sur place, correspondance, caisse, tenue de livres, etc. Chacun a son service et ses attributions, mais tous s'aident et se suppléent au besoin.

Viennent ensuite les commis intéressés qui ont un tant pour cent sur les bénéfices, puis les simples commis dont les appointements fixes varient de 100 à plus de 1,000 francs par mois (1), enfin les débutants, les *nouveaux*, qui commenceront à être payés dès qu'ils seront suffisamment au courant pour la vente du détail. En attendant, du matin au soir, ils ne font que rouler, doubler, plier les

---

(1) La plupart, au bout de deux ou trois ans, gagnent des appointements de 500 à 1,000 francs par mois, nourris et logés.

étoffes, et les remettre en place sur les étagères de la trastienda. Comme on dérange à mesure qu'ils rangent, quand ils croient avoir fini il faut recommencer. Ils sont aux ordres de tous les vendeurs, auxquels ils doivent obéissance : « Obéir et se taire... sans murmurer », comme l'a dit, si je ne me trompe, le judicieux M. Scribe, telle est leur consigne.

Pendant cet apprentissage assez dur, ils couchent sur le comptoir, et le soin de balayer et d'arroser le magasin leur est dévolu. Pour monter en grade, leur premier souci doit être d'apprendre, au plus vite, la langue espagnole, de se mettre en tête les noms des marchandises et de se familiariser avec l'usage des monnaies mexicaines. La plupart parlent espagnol et arrivent aux appointements au bout de quelques mois. Alors, la figure du nouveau s'épanouit; il passe au comptoir, il se croit déjà quelqu'un. Le contact de tous les jours avec les étrangers, l'émulation, l'exemple donné par les chefs et par les employés qui tous rivalisent d'activité, suffisent en moins d'une demi-année à dégrossir et à transformer le fils du paysan. Peu à peu l'habitude des affaires accroît son assurance, il est méconnaissable : le villageois emprunté et gauche est devenu un travailleur actif et *débrouillard*.

Le comptoir est comme une arène pour tous ces jeunes gens, ils y luttent à l'envi, chacun veut arriver à se classer au premier rang dans l'esprit et dans l'estime du patron. C'est à celui qui ne laissera pas sortir le client sans lui vendre les articles qu'il lui a demandés; c'est à celui qui vendra le plus; c'est à celui, en un mot, qui saura se faire une clientèle personnelle et se rendre ainsi indispensable dans la maison.

A mesure que ses économies font la boule de neige, chacun ne rêve plus que de conquérir à son tour indépendance et fortune en fondant un établissement pour son propre compte. Alors, il se met à observer, à étudier ses camarades, cherchant l'*associé*, celui qui est le plus capable, qui a de la conduite et qui a déjà, lui aussi, réalisé quelque épargne.

C'est, en général, quatre à six ans après l'arrivée au Mexique que l'abeille essaime ainsi et va fonder sa ruche. La mise de fonds est mince, mais le nom de Barcelonnette équivaut, auprès des maisons de gros, à un crédit huit ou dix fois supérieur. J'ai maintes fois assisté à des présentations de jeunes Barcelonnettes par un courtier chez les fabricants espagnols, chez les Anglais et les Allemands qui vendaient alors en gros les étoffes étrangères. Ces négociants ne connaissaient que le courtier lui-même, auquel ils répondaient invariablement après quelques renseignements insignifiants : « Il suffit que vous les présentiez et qu'ils soient Barcelonnettes pour que notre maison soit à leur disposition. »

Voilà comment nos compatriotes peuvent monter avec un petit

capital une maison qui du jour au lendemain fera des affaires relativement considérables.

♦

Ce n'est guère avant dix heures du matin que le comptoir du détail commence à se garnir d'acheteurs, mais alors ils se succèdent sans relâche jusque bien avant dans l'après-midi. La vente ne ralentit plus, les clients veulent être servis tout de suite; il faut pourtant déjeuner. On est là, comme nous l'avons vu, dès le matin, époussetant, rangeant, préparant la journée : l'estomac, qui ne perd jamais ses droits, est d'autant mieux disposé : il le fait sentir par de significatifs tiraillements. Un par un, les commis s'échappent et prennent à tour de rôle le chemin de la salle à manger. A peine sont-ils assis que la *galopina*, accorte et vive, vient leur demander : *Como toman ustedes los huevos?* Comment préférez-vous les œufs? Pour le coup, on pourrait se croire à table d'hôte à Séville.

TOUR DE L'HORLOGE, A BARCELONNETTE.

Et ce repas est vite expédié : les convives arrivant les uns après les autres, isolément, ne sont jamais nombreux à table; ils mangent à la hâte, tout en parlant des clients, et sont pressés de retourner au magasin.

Il y a *bôla*, une foule énorme, à ne plus savoir où donner de la tête, dit le dernier arrivé. Un autre entre avec son client, il l'appelle Anastacio Perez; c'est un pinto d'Amacuzac, assez vilain à voir avec sa peau toute tachetée; mais les affaires sont les affaires, et tous deux mangent tout en causant, sans s'occuper des autres convives. Anastacio Perez, qui n'a certainement pas l'habitude de boire dans un verre, trouve plus commode de boire à la bouteille.

Les employés sont logés et nourris aux frais de la maison, et il n'y a aucune différence entre leur nourriture et celle des patrons.

Aussitôt après le repas, on retourne au magasin sans perte de

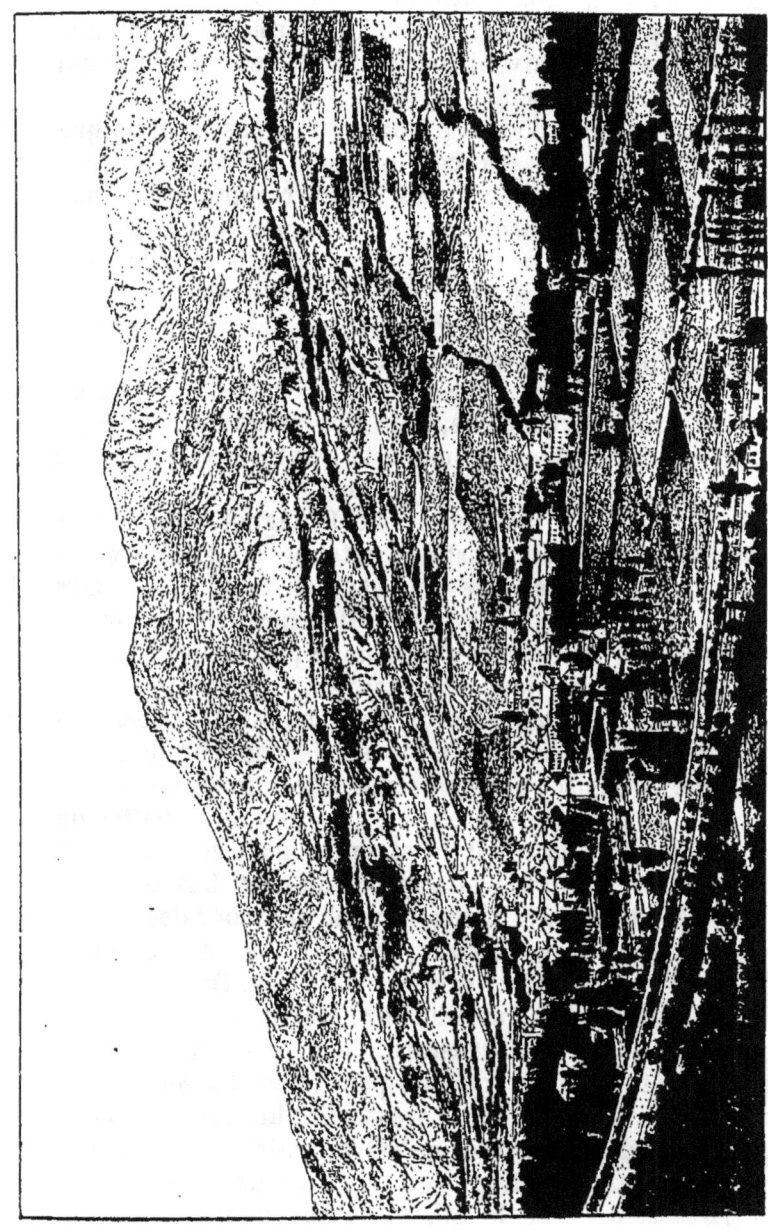

VUE DE BARCELONNETTE.

temps; on sert le client qui se présente ou celui du camarade qui va vous remplacer à la salle à manger.

C'est le grand moment de la vente aussi bien du détail que du gros; dans l'arrière-magasin, deux Barcelonnettes, établis, l'un à Puebla, l'autre à Zacatecas, achètent sur échantillons, par colis fermé, et débattent les prix comme des enragés. Sur un autre comptoir, le pinto d'Amacuzac vide les mille piastres de sa longue taléga en fibres d'aloès et les aligne par tas de vingt pour solder les étoffes qu'il a achetées. Son déjeuner est bien payé.

Oui vraiment, il y a *bôla,* là-bas au détail. C'est un brouhaha, une cohue. Le magasin est envahi par la foule des acheteurs qui crient et parlent tous à la fois.

On ne peut rien imaginer d'aussi pittoresque, d'aussi animé que la multitude hétérogène qui, en ces moments de bôla, entre à pleine porte et se presse aux abords du grand comptoir. Étrange assemblage : tous les raffinements, toutes les recherches de parure d'une société civilisée à côté des loques primitives de la tribu sauvage; tout cela pêle-mêle et confondu. Regardons autour de nous. Voilà un groupe de señoras de la ville, jeunes, belles, élégantes, des mondaines très parées. En voici un autre d'Indiennes, portant l'aíate et le marmot sur le dos. Celles-ci sont même d'une race un peu particulière. Nu-tête et nu-pieds, elles n'ont pour tout vêtement qu'une jupe en cotonnade bleue nouée à la ceinture, une chemise et une écharpe à rayures jetée sur les épaules.

Non loin de là, près du mostrador, un Espagnol exhibe avec ostentation sa belle montre à tabatière, retenue au gilet par une énorme vipère en or massif. Le coin de son foulard — autre élégance — sort de la poche de sa veste. Il a posé devant lui sa *taléga;* mais son voisin de gauche a l'air de le préoccuper. A juste titre : c'est un *lepero,* drapé dans une mauvaise couverture grise, les yeux cachés sous les larges bords d'un minable chapeau en feuilles de palmier; la bourse aurait tôt fait de changer de main

Près de lui, une Anglaise, quelque femme de ministre anglican sans doute, raide et guindée, ne semble pas non plus flattée du voisinage. Tout d'ailleurs est pour la choquer dans cette foule si mêlée, si bruyante, si étrangère aux règles du *cant.* Des *galopinas* la bousculent, se faufilent devant elle, venant chercher des échantillons d'étoffes pour leur maîtresse; des artisans, cordonniers, tailleurs, etc., s'empressent aussi près du comptoir. De-ci de-là, le sombrero richement galonné d'un ranchero apparaît dominant les têtes, son poncho à longs poils, historié de dessins imprimés en couleur représentant des lions ou des panthères. La *garbancera,* originale et piquante, avec sa longue tresse de cheveux et son *chiqueador,* ce petit rond de papier noir qu'elle se colle sur les tempes, préservatif tout-puissant — elle en est convaincue — contre la migraine, la *garbancera* frotte le calicot de ses petites mains, et pour lui demander le prix, enveloppe l'employé qui la sert de tout le feu de ses grands yeux noirs.

L'Indien des haciendas, le péon, arrive aussi; sa chemise et son pantalon ne valent pas cent sous, mais il a sur la tête un chapeau qui a coûté plus de cent francs.

Le *huacal* sur le dos, la *petate* roulée par-dessus, un groupe d'Indiens de village est en pourparlers d'affaires. Il y en a un dans la bande qui sait cinq ou six mots d'espagnol, les autres ne parlent qu'aztèque. Tous ont une cigarette en travers sur l'oreille, dans le creux de l'oreille aussi, — singulier porte-monnaie, — une petite pièce de monnaie d'argent, une autre plus grosse entre leurs dents de loups. La crainte d'être trompés leur fait offrir le quart du prix demandé ; si on les prend au mot, ils détalent sans rien dire, et on ne les revoit plus ; si, au contraire, le commis retire sa marchandise, l'Indien qui parle espagnol revient à la charge et peu à peu va augmentant son prix, tandis que les autres, accroupis, comptent l'argent qu'ils sortent du nœud de leur *aiate* (1), en l'augmentant de celui de leur ceinture, et de la pièce qu'ils tirent du creux de leur oreille et de celle qu'ils ôtent de leurs dents. Méfiants et rusés, quand il s'agit de payer, ils commencent toujours par donner moins, jamais plus, à moins qu'ils n'aient que de grosses pièces ; en ce cas, ils font sonner sur les pierres la monnaie qu'on leur rend, la mordent, la frottent, essayent de la ployer, et il faut leur changer plusieurs fois toutes ces pièces pour qu'ils finissent par en trouver à leur convenance.

Il y a, au bout du mostrador, un canapé : une grosse señora s'y est assise, entourée de ses quatre filles, toutes jeunes señoritas, et fort jolies, et vite, mettant à profit cet instant de repos, elle roule une fine cigarette en feuille de maïs.

Et l'animation ne fait que s'accroître. Tandis que les clients les plus rapprochés du comptoir achètent sans trop marchander pour vite sortir de cette cohue, ceux qui font queue par derrière crient qu'ils sont pressés, qu'ils s'en iront ; il y en a qui, tendant les bras par-dessus les épaules et les têtes, demandent tout de suite, — ce sera sitôt fait, — dix *varas* (2) conformes à l'échantillon ; d'autres, des femmes, plus insinuantes, plus souples, profitent du moindre mouvement des acheteurs, du plus petit jour dans le rang, pour glisser leur figure souriante aux yeux câlins, et dire à l'employé en l'appelant par son petit nom : « Don Juan, je suis revenue, donnez-moi vite le coupon que j'ai vu tout à l'heure ! » Et cependant, graves et calmes, au dernier rang, fièrement drapés dans leurs grandes couvertures éclatantes, des Peaux-Rouges *Kikapoos* dressent leurs faces vermillonnées et leurs toupets ornés de plumes ; ils attendent, de cet air digne qui ne les abandonne jamais, que le comptoir soit un peu dégagé pour s'approcher et recevoir la petite pièce de monnaie ou les quelques cigares que les commis ont l'habitude de leur donner.

Oui, bien sûr, il y a *bóla* : c'est une belle journée !

(1) L'*aiate* est une pièce carrée d'un tissu de fibres d'aloès dont les indigènes se servent pour envelopper et emporter leurs emplettes et leurs provisions.
(2) La *vara* équivaut à un peu plus de $0^m,80$.

Nos Barcelonnettes sont là dans leur élément, comme poissons dans l'eau. Polis et courtois avec les gens bien élevés, patients et bons garçons avec l'Indien marchandeur, l'œil aux aguets et le sourire aux lèvres, ils ont un bon mot pour chacun; à la petite femme qui montre sa tête, don Juan répond : « Oui, mon âme, je suis à vous. » C'est merveille de les voir affairés, servant les uns, faisant patienter les autres, donnant la préférence aux bons clients, mesurant, coupant ou déchirant, pliant et dépliant les étoffes, établissant le compte de la vente en deux coups de crayon sur un chiffon de papier ou sur l'étoffe elle-même; puis, se tourner lestement pour enlever les articles non vendus et les remettre en place, ou pour en apporter d'autres, vérifier au son les piastres douteuses, et enfin d'un tour de main engouffrer les trois ou quatre cents francs de recette dans le lourd tiroir qui déborde.

TYPE MEXICAIN.
L'AGUADOR, PORTEUR D'EAU.

Vigilants pourtant et ne perdant rien de ce qui se passe autour d'eux, on les voit d'un bond franchir le comptoir pour saisir le *lepero* qui, dans un achat de trois sous, a perçu quatre-vingt dix-sept sous sur la piastre fausse donnée au commis inexpérimenté, ou qui s'en va emportant sous sa couverture grise un coupon qu'il n'a pas payé. Ces sortes de clients ne sont pas rares, et ils ont même un mot pour exprimer leur façon d'acheter : *Lo hize vivo*, je l'ai dégourdi, disent-ils, quand le coup a réussi. Aussi, ne laisse-t-on jamais aucune marchandise sur le comptoir sans la recommander au client dont on s'occupe et que l'on connaît, ou sans dire en patois au voisin d'ouvrir l'œil : *Duerbé l'uel!*

A mesure que l'affluence diminue, on refait la toilette des rayons et de l'étalage, on allume les becs de gaz, et, aussitôt les portes fermées, l'or et l'argent roulent sur le mostrador, naguère encombré d'étoffes : on compte la recette et on l'enferme dans les coffres.

La journée est finie, on dîne, et chacun peut sortir; mais les commis ne jouissent pas d'une entière liberté; à dix heures du soir autrefois, à onze maintenant dans la semaine et à minuit le dimanche, ils doivent être rentrés; tant pis pour les retardataires, le concierge, passé l'heure, a l'ordre de ne plus ouvrir à personne, à moins d'autorisation spéciale et préalable.

**

La ville de *Mexico* compte actuellement seize grands *cajones de ropa* (maisons barcelonnettes) vendant en gros et au détail toute sorte de tissus de provenances étrangères ou indigènes et articles de Paris; cinq maisons faisant le courtage et la commission, et si l'on veut avoir le nombre total des industriels barcelonnettes établis et l'énumération complète des industries représentées, ajoutons-y une importante chapellerie; deux maisons de confections et articles divers; une papeterie; un fabricant d'huile; un fabricant de bouchons; trois boulangers; un cafetier et un menuisier.

Dans les villes de *Puebla, Guadalajara, Leon, Morelia, Guanajuato, San-Luis Potosi, Zacatecas, Vera-Cruz, Monterey, Durango, Tampico, Chihuahua, Aguascalientes, Saltillo, Jalapa, Tulancingo, Pachuca, Oaxaca,*

TYPE MEXICAIN. LE LÉPERO.

Apizaco, Queretaro, Celaya, Uruapan, Lagos, Pazcuaro, Toluca, Tepic, Perote, Valle de Santiago, Tehuacan, Irapuato, Las Palomas, Zapotlan, San-Francisco del Rincon, Paso del Macho, Colima, Cordoba, Mineral del Monte, Parras, Tacambaro, Piedras Negras et Salvatierra sont répartis soixante-dix *cajones de ropa*. Ajoutons encore à cette liste trois fabricants de cotonnades; une brasserie; deux minoteries; deux épiceries vendant des céréales et des articles divers; trois chapelleries; un professeur et journaliste; six restaurants; deux confiseurs; trois planteurs et six cafetiers.

Cela fait en tout *cent trente-deux* établissements *barcelonnettes* au

Mexique, parmi lesquels quatre-vingt-six magasins de nouveautés, dont le chiffre d'affaires représente annuellement *plusieurs centaines de millions de francs* et s'accroît chaque jour suivant une progression constante.

Voilà donc le point où, à force de labeur et d'honnêteté, durs à la peine, persévérants à l'épargne, animés et soutenus par le désir de revoir au plus tôt la patrie, voilà le point où en sont venus ces Français, qu'on nous permettra bien d'appeler un peu familièrement ces braves gens.

Ils ont vaincu d'abord les puissantes maisons espagnoles établies depuis des siècles dans chaque ville, où elles étaient maîtresses du gros et du détail; puis plus tard, et peu à peu, ils ont éliminé les *almacenes*, maisons de gros, anglaises et allemandes.

En 1847-48, après l'invasion des États-Unis du Nord, on ne comptait que quatre ou cinq maisons barcelonnettes à Mexico et une seule dans l'intérieur, la maison A. Pascal, à Guadalajara. Les établissements des Barcelonnettes se multiplièrent rapidement, par la suite, tant à Mexico que dans les principales villes. On peut évaluer leur nombre, dès 1855-56, à une trentaine, dont plus de la moitié à Mexico ; mais, tributaires des maisons de gros, réduits au commerce du détail, nos compatriotes, malgré un travail acharné, ne pouvaient développer leurs affaires. Si quelques-uns réussirent à édifier une petite fortune, beaucoup aussi durent fermer leurs établissements. Chose remarquable, ces derniers furent ceux qui contribuèrent le plus à établir la réputation d'*honnêteté* de la colonie (cette réputation de probité est telle qu'on voit chaque jour nos compatriotes recevoir à titre de dépôt des sommes plus ou moins fortes sans que le déposant jamais leur demande ni reçu ni document d'aucune espèce), en donnant, dans les circonstances adverses, presque toujours indépendantes de leur volonté, tout ce qu'ils possédaient à leurs créanciers.

La guerre de sécession aux États-Unis fut le premier événement qui contribua à modifier cet état de choses. Le renchérissement excessif du coton, et par suite de tous les tissus, procura aux maisons barcelonnettes les mieux assises des profits considérables, qui leur permirent l'importation directe d'Europe des principaux articles de leur négoce.

C'est ainsi qu'en 1863, leur prospérité croissante permit à Jauffred et Ollivier de la *Ciudad de Londres*, à A. Gassier et Cie des *Fabricas de Francia*, à Ebrard et Fortolis du *Puerto de Liverpool*, à C. Caire et Cie du *Gran-Oriental* et à Lèbre et Gandoulf de Guadalajara de venir faire leurs achats en Europe et d'y établir des relations pour l'avenir. Facilitées par l'établissement des lignes de bateaux à vapeur, puis, plus tard, par les chemins de fer, ces importations prirent rapidement une grande extension. De tributaires des maisons de gros anglaises et allemandes à Mexico, les

Barcelonnettes en devinrent les concurrents et les évincèrent peu à peu.

En 1867-68, il n'y avait encore que quatre ou cinq maisons barcelonnettes importatrices. En 1873-74, toutes celles de Mexico, comme celles de l'intérieur, recevaient directement d'Europe une partie de leurs marchandises. Les anciennes maisons de gros, qui rencontraient des rivaux là où autrefois elles avaient des agents de vente, virent leurs affaires diminuer progressivement, et, pour la plupart, durent liquider. Pour les Allemands, la guerre néfaste de 1870, leur victoire, avait été le dernier coup. Tous nos compatriotes, en haine des Prussiens, d'un bout à l'autre du Mexique, s'étaient juré de rompre toutes relations et de ne plus se fournir auprès d'eux. Le triomphe brutal et insolent des leurs avait consommé leur ruine. A partir de 1875-76, le commerce des tissus au Mexique, gros et détail, resta presque exclusivement aux mains des Barcelonnettes; et leurs établissements, dès lors, n'ont, comme on l'a vu, cessé de prospérer (1).

Ainsi, il a fallu aux Barcelonnettes cinquante ans de luttes et d'efforts pour se défaire des rivaux qui les exploitaient, un demi-siècle pour rester enfin les maîtres du terrain. Qu'ils gardent toujours cette suprématie si chèrement disputée; qu'ils songent maintenant à conserver leur conquête et à la porter plus loin encore! Pour cela, qu'on me pardonne peut-être de me répéter, mais je ne saurais trop le dire et le redire à nos jeunes gens, ce qui a fait le succès de leurs aînés, c'est l'*honnêteté*, le *travail*, l'*économie* et l'idée fidèlement servie du prompt retour à la patrie.

Veut-on des documents précis? Deux chefs de maison de Mexico, récemment venus à Paris (avril 1892), m'ont permis de mettre jour mes renseignements personnels. On peut actuellement évaluer à quatre cent cinquante environ le nombre des capitalistes barcelonnettes qui possèdent des fortunes variant de cinquante mille à huit cent mille francs, et à près de trente celui des millionnaires : un de ces derniers vient de mourir à Nice, laissant, dit-on, de quinze à vingt millions à ses enfants : il cultivait la terre et gardait les

---

(1) Il faut ajouter que cette prospérité a suivi le mouvement progressif du commerce mexicain en général. La publication officielle *Noticia de la importacion y exportacion de mercancias en los años fiscales* (de 1872 à 1875), publiée à Mexico, par J.-M. GARMENDIA, chef de la section de statistique et de comptabilité, donne à cet égard un tableau comparatif :

Développement du commerce (évaluations en francs).

	Importation	Exportation
Moyenne des années 1825-1828	62.401.802	42.840.892
En 1872-1875	125.572.167	147.229.143
Augmentation	63.170.365	104.388.251

Suivant les statistiques plus récentes (Schrader et D. Kaltbrunner), les importations du Mexique s'élèvent actuellement à 270 millions de francs, et les exportations dépassent le chiffre de 370 millions de francs. (C. S.).

moutons avant son départ pour le Mexique. Sur le nombre, trois cents environ résident encore au Mexique ; les autres, ou bien ont fixé leur domicile dans la vallée de Barcelonnette et y habitent toute l'année, ou bien, pour la plupart, y possèdent une villa où ils viennent passer les mois d'été.

Pas plus intelligents que nos concurrents, pourvus d'une instruction peut-être moins étendue, c'est vraiment cette probité solide qui est là-bas notre force. Chez nous, quand le garçon s'en va, le dernier mot que lui dit le père en le regardant dans les yeux, c'est, en son patois paysan : « *Faï qué siéyés toujour bravé, moun énfant!* » Le jour où les enfants oublieraient cette devise, qui vaut bien des préceptes d'économie politique, la colonie barcelonnette du Mexique aurait vécu.

Émile CHABRAND.

TYPE MEXICAIN. BARILLERO, MARCHAND AMBULANT.

www.ingramcontent.com/pod-product-compliance
Lightning Source LLC
Chambersburg PA
CBHW060602050426
42451CB00011B/2041